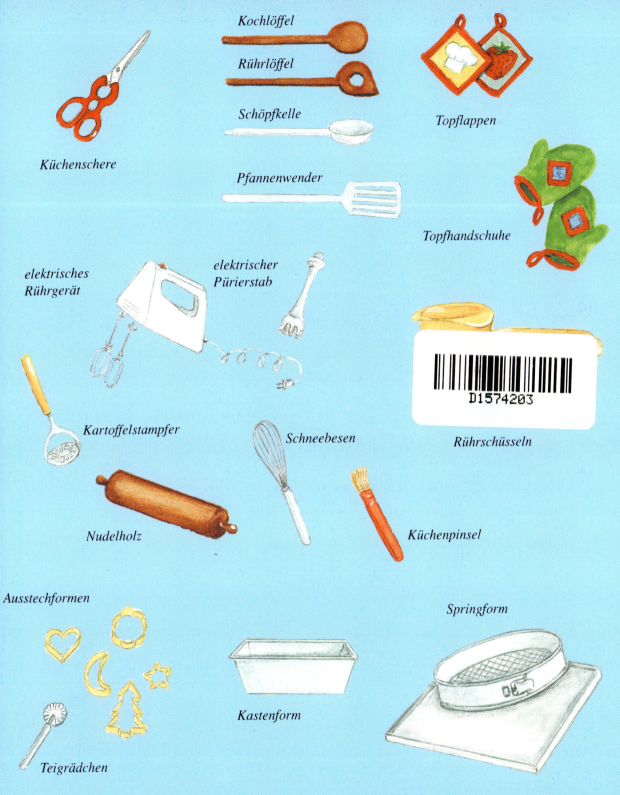

Marion Söffker

wurde 1962 in Gifhorn geboren
und lebt heute in Hannover.
Sie studierte Grafik-Design mit Schwerpunkt
Illustration und war danach in einem
Kinder- und Jugendbuchverlag tätig.
Seit 1993 arbeitet sie freiberuflich als Illustratorin.
In ihrer Freizeit kocht sie gern, am liebsten
zusammen mit Kindern.

© Parabel
in der Verlagsgruppe Beltz · Weinheim und Basel
Alle Rechte vorbehalten
Neue Rechtschreibung
Gesamtherstellung: Druckhaus Beltz, Hemsbach
Printed in Germany
ISBN 3 7898 1006 1

1 2 3 4 5   08 07 06 05 04

Marion Söffker

Kinder
KOCHBUCH

Parabel

Inhaltsverzeichnis

Bevor es richtig losgeht	4
Hallo, liebe Kinder	5
Worterklärungen	6
Meine Lieblingsrezepte	8

Frühstück

Quarkbrötchen	10
Früchtemüsli	11
Schokohörnchen	12
Möhrenmüsli	13
Buttermischungen	14
Frühlingsquark	15
Kochschule Eier	16
Eierbrot	17

Suppen

Gemüsesuppe	20
Möhrencremesuppe	21
Nudelsuppe	22
Tomatensuppe	23

Salate

Möhrenrohkost	26
Obstsalat	27
Bunter Salat	28
Kartoffelsalat	29
Roter Bohnensalat	30
Käsesalat	31
Thunfischsalat	32
Nudelsalat	33

Hauptgerichte

Kochschule Pellkartoffeln	36
Kartoffelpfanne	37
Blechkartoffeln	38
Kartoffelgratin	39
Kochschule Nudeln	40
Nudeln mit Tomatensoße	41
Nudelauflauf	42
Käsenudeln	43
Spaghettipfanne	44
Gemüsetopf	45
Kochschule Reis	46
Reispfanne	47
Pfannkuchenturm	48
Rührei	49
Hamburger	50
Fischauflauf	51

Gefülltes Stangenweißbrot	52
Käseschnitten	53
Thunfischtoast	54
Pizzatoast	55

Desserts

Beerenquark	58
Grießpudding	59
Bananencreme	60
Schokoladenmousse	61
Sahneeis	62
Kirschbecher	63
Schokofrüchte	64
Bratäpfel	65

Feste feiern

Gefüllte Eier	78
Bunte Spieße	79
Kräuterbrot	80
Gefüllte Tomaten	81
Knusperstangen	82
Brotgesichter	83
Fliegenpilze	84
Kekskuchen	85

Getränke

Milchmix	86
Kakao	87
Früchtebowle	88
Winterpunsch	89

Backen

Quarktorte	68
Apfelkuchen	69
Mürbekekse	70
Krümelkuchen	71
Butterkuchen	72
Haselnusshalbmonde	73
Kräuterschnecken	74
Pizza	75

Bevor es richtig losgeht

Bevor du mit dem Kochen und Backen beginnst, wasche dir die Hände und binde dir eine Schürze um.

Stelle die nötigen Küchengeräte und die abgewogenen Zutaten bereit.

Lasse dir den Herd und den Backofen, den du benutzt, genau erklären.

Halte die Mengenangaben ein, benutze dafür Messbecher und Küchenwaage.
Wenn du weniger oder mehr Portionen brauchst als angegeben, rechnest du die Rezepte einfach um.

Frage vor dem Kochen einen Erwachsenen, ob er oder sie Zeit hat. Gelegentlich wirst du Hilfe brauchen.
Lies das Rezept genau durch.
Frage lieber, wenn du nicht alles genau verstehst.

Stelle die Koch- und Backzeiten auf einer Küchenuhr ein.

Denke daran Topflappen oder Topfhandschuhe zu verwenden, wenn du mit heißen Töpfen und Backblechen hantierst.

Wichtige Abkürzungen:

TL – Teelöffel (gestrichen voll)
EL – Esslöffel (gestrichen voll)
ml – Milliliter, mit dem Messbecher abmessen
Msp – Messerspitze
Tasse – normale Kaffeetasse

Verwende Töpfe, die groß genug sind, manches kocht hoch!

Lasse keinen Topf und keine Pfanne
unbeaufsichtigt auf der eingeschalteten
Herdplatte stehen.
Vergiss nicht nach dem Kochen oder Backen
den Herd oder Backofen auszuschalten.
Verlasse die Küche so ordentlich,
wie du sie vorgefunden hast.

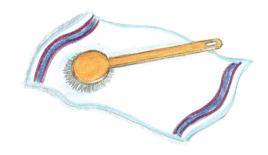

*Wegräumen und Abwaschen
nicht vergessen!*

*Hallo, liebe Kinder,
in diesem bunten Kochbuch findet ihr viele Rezepte,
die ihr alleine oder mithilfe eines Erwachsenen
ausprobieren könnt.
Die einfachen Beschreibungen helfen euch bei
der Zubereitung von leckeren und gesunden
Mahlzeiten, zum Frühstück, Mittagessen,
Nachtisch, Abendessen oder für zwischendurch.*

*Wie viele Portionen ein Gericht ergibt, ist immer
angegeben. Wenn ihr mehr oder weniger Personen seid,
könnt ihr die Zutaten aber auch halbieren oder verdoppeln.
Besonders viel Spaß macht es mit Freunden zu kochen
oder für andere mitzukochen, weil es dann besser schmeckt.
Vielleicht mögt ihr eine Gemüse- oder Obstsorte
nicht so gerne, dann tauscht ruhig mal etwas aus.
Ihr könnt die Gerichte nach eigenem Geschmack
phantasievoll verändern, denn in der Küche
ist Phantasie erlaubt. Einige Anregungen dazu
findet ihr bei den Rezepten. Wenn ihr Lust habt,
notiert ihr eure Erfahrungen und Rezepte in einem Heft.*

*Viel Spaß beim Ausprobieren der Rezepte,
gutes Gelingen und guten Appetit!*

*Meine
Lieblingsrezepte:
Notiere dir deine
Rezepte in einem
Heft.*

Worterklärungen

Abschmecken – Ein gekochtes oder gebratenes Gericht geschmacklich verfeinern, meist geschieht dies durch Würzen mit Salz, Pfeffer, Kräutern oder Gewürzen.

Aufkochen – Die Flüssigkeit in einem Topf so lange erhitzen, bis große Blasen aufsteigen. Vorsicht, manches kocht dabei hoch!

Garnieren – Gerichte mit essbaren Zutaten dekorieren, damit sie noch appetitlicher aussehen.

Kneten – Mit den Händen oder mit den Knethaken eines elektrischen Rührgeräts einen Teig zubereiten.

Knoblauch pressen – Eine Knoblauchzehe schälen und dann durch eine Knoblauchpresse drücken.

Ausrollen – Einen Teig mit einem Nudelholz flach ausrollen.

Backtemperatur – Die Temperaturen sind für Gasöfen in Stufen und für elektrische Öfen mit Ober- und Unterhitze in Grad Celsius angegeben. Falls du einen Heißluftherd benutzt, frage einen Erwachsenen, welche Temperatur du einstellen musst.

Kräuter hacken – Kräuter sehr klein schneiden, mit einem Messer, einer Kräuterwiege oder einer Schere.

Kräuterwiege

eine Prise

Messerspitze (Msp) – Diese Mengenangabe benutzt man für Pfeffer, gemahlene Gewürze, Salz oder Zucker. Damit ist genau so viel gemeint, wie auf der Rundung am Ende der Messerklinge Platz hat.

Prise – Eine Prise ist das, was du zwischen Daumen und Zeigefinger fassen kannst.

Raspeln – Rohes Gemüse oder Obst mit einer Reibe in kleine, dünne Streifen raspeln. So wird hartes Gemüse oder Obst zerkleinert.

Schmoren – Erst ein wenig Fett in den Topf geben, die Speise dazugeben und unter Rühren anbraten, dann erst mit Flüssigkeit übergießen und im geschlossenen Topf bei heruntergeschalteter Hitze garen.

Steif schlagen – Sahne oder Eiweiß wird mit einem elektrischen Rührgerät so lange geschlagen, bis die Masse fest ist. Wenn du eine Messerspitze durch die Masse ziehst, muss der Schnitt sichtbar bleiben.

Streifen und Scheiben schneiden – Nimm ein Küchenbrett und ein scharfes Messer. Halte das Lebensmittel mit Daumen und Fingerspitzen gut fest und schneide z.B. von einer Gurke Scheiben ab. Halbiere eine Möhre oder eine Paprikaschote und schneide sie dann in Streifen.

Unterheben – Zutaten sehr vorsichtig mit einem Kochlöffel oder Schneebesen unter eine Masse mischen, dabei nicht umrühren.

Wasserbad – Stelle eine hitzebeständige Schüssel in einen Kochtopf mit wenig siedendem Wasser und lasse die Masse (z.B. Schokolade) in der Schüssel schmelzen. Du kannst auch einen kleinen Kochtopf in einen größeren hängen.

Wasserbad

Zwiebeln würfeln – Schneide zuerst Streifen, wie unten dargestellt, halte die Streifen fest zusammen und schneide sie dann noch einmal quer durch.

Zwiebel schälen, halbieren und dann längs und quer einschneiden

Meine Lieblingsrezepte
in diesem Buch sind:

_____

_____

_____

_____

Frühstück

Quarkbrötchen • Früchtemüsli • Schokohörnchen
Möhrenmüsli • Buttermischungen • Frühlingsquark
Kochschule Eier • Eierbrot

Frühstück

Quarkbrötchen

Für 12 Brötchen brauchst du:
250 g Mehl
1 Päckchen Backpulver
1 TL Salz
1 Ei
250 gr Quark
1 Eigelb
1 TL Wasser

1. Gib das Mehl in eine Schüssel und verrühre es mit Backpulver und Salz. Gib das Ei und den Quark dazu und verknete alles mit dem Handrührgerät.

4. Wenn du möchtest, kannst du deine Brötchen beliebig abwandeln, indem du Rosinen, Mohn, Kräuter, Nüsse oder Käse in den Teig einknetest. Bestreue die Brötchen mit Sesam, Mohn, Kümmel, grobem Salz oder gehackten Mandeln.

2. Den Backofen vorheizen.

3. Reibe die Hände mit etwas Mehl ein und forme runde Brötchen. Verrühre das Eigelb mit einem Teelöffel Wasser und bestreiche die Brötchen damit. Lege die Brötchen auf ein gefettetes Backblech und backe sie 20-25 Minuten auf der mittleren Schiene bei 180 Grad oder Gasstufe 2.

Frühstück

Früchtemüsli

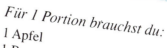

Je nach Jahreszeit kannst du auch anderes Obst verwenden, z.B. eine Apfelsine, eine Birne usw.

Für 1 Portion brauchst du:
1 Apfel
1 Banane
1 EL Zitronensaft
3 EL Haferflocken
1 TL Honig
1 EL Rosinen
150 g Naturjogurt
1/2 Tasse Milch
1 EL gehackte Nüsse

1. Wasche den Apfel und schneide ihn in kleine Stücke. Schneide eine Banane in Scheiben und gib sie zum Apfel. Vermische beides mit dem Zitronensaft.

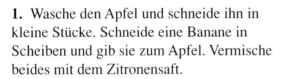

2. Vermische die Haferflocken mit dem Honig, den Rosinen, dem Jogurt und der Milch und rühre alles unter das Obst. Ganz besonders lecker wird dein Müsli mit einem Esslöffel gehackter Nüsse.

Frühstück

Schokohörnchen

Für 10 Hörnchen brauchst du:
1 Paket Blätterteig, tiefgefroren
1 Tafel Schokolade (ca. 100 g)
1 Ei
2 EL Milch

Du kannst die Hörnchen auch mit einem Teelöffel Marmelade oder gehackten Nüssen füllen.

1. Lege die Teigblätter auseinander und lasse sie auftauen. Dann kannst du sie auf einer bemehlten Fläche ausrollen, bis sie die doppelte Größe erreicht haben.

3. Den Backofen vorheizen.

4. Rolle jedes Teigstück zu einer Rolle, beginne mit der breiten Seite und forme sie dann zu Hörnchen. Verquirle das Ei mit der Milch und bepinsle die Hörnchen damit.

2. Teile jede Scheibe in 2 Dreiecke und gib jeweils ein Stück Schokolade auf die Längsseite.

5. Lege die Hörnchen auf ein eingefettetes Backblech und backe sie 15 Minuten auf der mittleren Schiene bei 200 Grad oder Gasstufe 3, bis sie goldbraun sind.

Frühstück

Möhrenmüsli

Für 2 Portionen brauchst du:
4 große Möhren
1 EL Zitronensaft
1–2 EL Zucker oder Honig
2 EL Sahne oder Jogurt
4 EL kernige Haferflocken
1/4 Liter Milch
2 EL Rosinen

1. Schäle die Möhren und rasple sie auf einer Gemüsereibe. Beträufle sie mit dem Zitronensaft.

2. Verrühre den Zucker oder Honig mit der Sahne oder dem Jogurt, den Rosinen und den Haferflocken. Vermenge alles mit den Möhren und gieße die Milch darüber.

Dieses Müsli kannst du nach deinem Geschmack ergänzen. Probiere einmal einen Esslöffel Haselnüsse, Sesam oder Kokosraspel und einen Apfel, eine Banane oder eine Birne aus.

Frühstück

Buttermischungen

Kräuterbutter

Du brauchst dafür:

125 g Butter
3 EL fein gehackte Kräuter,
z.B. Petersilie, Schnittlauch,
Dill, Kresse oder Basilikum
1 TL Zitronensaft
1/2 TL Salz
1 Msp Pfeffer

Nussbutter

Du brauchst dafür:

125 g Butter
125 g fein gemahlene Hasel- oder Walnüsse
1 TL Zitronensaft
1/2 TL Salz
1 Msp Pfeffer

Butter etwa eine Stunde vorher aus dem Kühlschrank nehmen.

1. Gib die weiche Butter in eine Schüssel und rühre sie mit dem elektrischen Rührgerät zu einer glatten Masse.
2. Gib die gemahlenen Nüsse, den Zitronensaft, Salz und Pfeffer dazu.
3. Vermische alles gut miteinander und lasse die Butter im Kühlschrank wieder fest werden.

1. Gib die weiche Butter in eine Schüssel und rühre sie mit dem elektrischen Rührgerät zu einer glatten Masse.
2. Wasche die Kräuter und schneide sie klein.
3. Gib den Zitronensaft, die Kräuter, Salz und Pfeffer zu der Butter und verrühre alles gut miteinander. Lasse die Butter im Kühlschrank wieder fester werden.

Tomatenbutter

Du brauchst dafür:

125 g Butter	1/2 TL Salz
1 kleine Zwiebel	1 Msp Pfeffer
2 EL Tomatenmark	1 Msp Zucker

1. Gib die weiche Butter in eine Schüssel und rühre sie mit dem elektrischen Rührgerät zu einer glatten Masse.
2. Schäle die Zwiebel und schneide sie in kleine Würfel.
3. Gib die Zwiebel und das Tomatenmark zu der Butter und würze mit Salz, Pfeffer und Zucker. Vermische alles gut miteinander und lasse die Butter im Kühlschrank wieder fest werden.

Frühstück

Frühlingsquark

Für 4 Portionen brauchst du:

250 g Quark
3 EL Milch
1/2 TL Salz
1 Msp Pfeffer
1 TL Zitronensaft
1 Bund Kräuter, z.B. Petersilie, Dill, Zitronenmelisse, Schnittlauch oder Kresse

Verrühre den Quark mit der Milch, dem Salz, Pfeffer und dem Zitronensaft. Wasche und hacke die Kräuter oder schneide sie klein. Gib die Kräuter zur Quarkmischung und verrühre alles miteinander.

Schnittlauch

Kräuterzweige

Tipp: Wer mag, kann noch eine Zwiebel in kleine Würfel schneiden und unterrühren.

Petersilie

Dill

Kresse

Zitronenmelisse

Kochschule Eier

1. Stich jedes Ei mit einem Eierpick an der stumpfen Seite an.

2. Lege die Eier vorsichtig in einen großen Topf und lasse so viel Wasser einlaufen, dass die Eier gerade bedeckt sind.

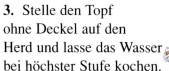

3. Stelle den Topf ohne Deckel auf den Herd und lasse das Wasser bei höchster Stufe kochen.

4. Nun wird das Eierwasser abgegossen. Lege dafür den Deckel auf den Topf, lasse einen Spalt offen. Halte den Deckel mit einem Topflappen fest und gieße das Wasser ab. Vorsicht, es entweicht dabei heißer Wasserdampf!

5. Nun werden die Eier abgeschreckt. Lasse dafür etwas kaltes Wasser über die Eier laufen. Sie lassen sich dann besser aus der Schale lösen.

Kochzeiten:
Weiche Eier 4-5 Minuten
Harte Eier 6-8 Minuten

Eiweiß vom Eigelb trennen:

1. Schlage das Ei einen Spalt auf.

2. Trenne beide Hälften voneinander.

Eiweiß

Eigelb

3. Kippe das Eigelb hin und her, sodass das Eiweiß in die Tasse läuft. In der Schalenhälfte bleibt das ganze Eigelb.

4. Gib das Eigelb in ein zweites Gefäß.

Frühstück

Eierbrot

Für ein Brot brauchst du:

1 hart gekochtes Ei
1 Scheibe Vollkornbrot
Butter oder Margarine zum Bestreichen
2 Radieschen oder 1 Tomate oder
3-4 Scheiben Gurke
1 EL klein geschnittene Kräuter,
z.B. Kresse, Schnittlauch, Dill
oder Petersilie
etwas Salz

1. Schneide das hart gekochte Ei in Scheiben. Bestreiche das Vollkornbrot mit Butter oder Margarine.

2. Wasche die Radieschen, die Tomate oder die Gurke und schneide alles in Scheiben. Belege das Brot mit dem Ei und dem Gemüse. Streue die gewaschenen und klein geschnittenen Kräuter darüber und würze mit etwas Salz.

Suppen

Gemüsesuppe • Möhrencremesuppe
Nudelsuppe • Tomatensuppe

Suppen

Gemüsesuppe

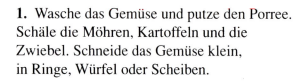

Für 4 Portionen brauchst du:

4 Möhren
1 Stange Porree
2 Tomaten
4 mittelgroße Kartoffeln
1 Zwiebel
1 Liter Wasser
1 Brühwürfel
Salz, Pfeffer
etwas Petersilie

1. Wasche das Gemüse und putze den Porree. Schäle die Möhren, Kartoffeln und die Zwiebel. Schneide das Gemüse klein, in Ringe, Würfel oder Scheiben.

*Zum Ausprobieren:
Auch andere
Gemüsesorten
schmecken in
dieser bunten
Suppe.*

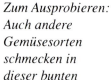

2. Gib Gemüse, Wasser und Brühwürfel in einen großen Topf und bringe alles zum Kochen. Schalte die Hitze etwas herunter und lasse alles ungefähr eine halbe Stunde kochen.
Schmecke zum Schluss alles mit Salz und Pfeffer ab und streue klein geschnittene Petersilie über die Suppe.

Suppen

Möhrencremesuppe

Für 4 Portionen brauchst du:

1 kg Möhren
1 Zwiebel
3/4 Liter Wasser
1 Brühwürfel
etwas Salz
1 Msp Pfeffer
4 EL Sahne
2 EL gehackte Petersilie oder Dill

Mit dem Kartoffelstampfer wird die Suppe cremig.

3. Zerstampfe das Gemüse mit dem Kartoffelstampfer und schmecke mit Salz und Pfeffer ab.
Rühre zuletzt die Sahne unter die Suppe und bestreue sie mit Kräutern; lasse die Suppe dabei nicht mehr kochen.

1. Schäle die Möhren und die Zwiebel. Schneide die Möhren in Scheiben und die Zwiebel in kleine Würfel.

2. Bringe das Wasser zum Kochen und gib den Brühwürfel hinein, dann die Möhren und die Zwiebel.
Koche das Gemüse 30 Minuten, bis es weich ist.

Suppen

Nudelsuppe

Für 4 Portionen brauchst du:
500 g Wirsingkohl
200 g Möhren
1 Paprikaschote
1 Sellerieknolle (ca. 150 g)
1 Liter Brühe
100 g Nudeln, z.B. Hörnchen, Sternchen- oder Buchstabennudeln
etwas Petersilie
Salz und Pfeffer

1. Wasche und putze den Wirsingkohl und schneide ihn in feine Streifen. Putze dann die Möhren, die Paprikaschote, schäle den Sellerie und schneide das Gemüse in Würfel.

Sellerie schälen   *Paprika durchschneiden*

das weiße Innere und die Kerne herausschneiden

Wenn du die Suppe etwas herzhafter möchtest, gibst du noch 100 g gekochten Schinken oder 4 Würstchen dazu.

2. Fülle 1 Liter Wasser in einen Topf und bringe es zusammen mit zwei Brühwürfeln zum Kochen. Gib das Gemüse und die Nudeln in den Topf und lasse alles 20 Minuten kochen.

Wirsing halbieren und in Streifen schneiden

3. Gib dann die gewaschene und klein geschnittene Petersilie dazu. Je nach Geschmack kannst du mit Salz und Pfeffer nachwürzen.

Tipp: Du kannst diese Suppe auch mit anderen Gemüsesorten zubereiten, z.B. mit Bohnen, Erbsen, Blumenkohl oder Brokkoli.

Suppen

Tomatensuppe

Für 4 Portionen brauchst du:

1 Zwiebel
Fett zum Anbraten
1 große Dose Tomaten
1/4 Liter Brühe
3-4 TL Tomatenmark
1 TL Salz
1 TL Zucker
1 Msp Pfeffer
4 EL Sahne
geriebenen Käse

2. Gib dann die Brühe, das Tomatenmark und die Gewürze dazu. Schalte die Temperatur herunter und lasse die Suppe 30 Minuten leicht kochen. Eventuell musst du noch mit etwas Salz nachwürzen. Zuletzt rührst du die Sahne unter und streust etwas geriebenen Käse auf die fertige Suppe.

Tipp: Besonders gut schmeckt diese Suppe, wenn du frische Tomaten verwendest und noch etwas klein gehackte Petersilie oder Basilikum dazugibst.

1. Schäle die Zwiebel und schneide sie in Würfel.
Brate sie in etwas Butter oder Öl an. Öffne die Tomatendose, gieße sie durch ein Sieb. Zerdrücke dann die Tomaten auf einem Teller mit einer Gabel. Gib sie zusammen mit dem Saft in den Topf.

Salate

Möhrenrohkost • Obstsalat • Bunter Salat
Kartoffelsalat • Roter Bohnensalat • Käsesalat
Thunfischsalat • Nudelsalat

Salate

Möhrenrohkost

Für 4 Portionen brauchst du:

150 g Vollmilchjogurt
2 EL saure Sahne
1 EL Zitronensaft
1 Prise Salz
4 EL gehackte Kräuter, z.B. Dill, Petersilie oder Kresse
6 Möhren
2 Äpfel

1. Verrühre für die Salatsoße den Jogurt mit der sauren Sahne, dem Zitronensaft, dem Salz und den klein gehackten Kräutern.

2. Schäle die Möhren und die Äpfel. Rasple sie auf einer Gemüsereibe in eine Salatschüssel. Gieße die Salatsoße darüber und rühre sie unter.

Garniere deinen Salat mit frischen Kräutern, Haselnüssen oder Sonnenblumenkernen.

Salate

Obstsalat

Mit geschlagener Sahne und Mandelstiften verzieren

Für 4 Portionen brauchst du:
3 Äpfel
3 Apfelsinen
1 Kiwi
3 Bananen
1 EL Zitronensaft
3 EL Zucker oder Honig
evtl. Mandelstifte

1. Wasche die Äpfel, entferne die Kerngehäuse und schneide die Äpfel in Stücke.
Schäle die Apfelsinen und schneide sie in Stücke.
Schäle die Kiwi und die Bananen und schneide sie in dünne Scheiben.

2. Gib das Obst in eine Schale und vermische alles mit dem Zitronensaft und dem Zucker oder Honig. Du kannst auch noch Mandelstifte unterrühren.

Dazu schmeckt Jogurt, Quark oder eine Eiskugel.

Apfelsine (Orange)

Kiwi

Apfel

Banane

Honig

Zitrone

Salate

Bunter Salat

Für 4-6 Portionen brauchst du:

1 Kopfsalat
4 Tomaten
6 Radieschen
1 Gurke
1 Zwiebel
1 grüne Paprikaschote
1 Dose Maiskörner (ca. 300 g)
2 EL Essig
4 EL Olivenöl
1 Prise Zucker
1 TL Senf
1 Prise Salz
1 Msp Pfeffer

1. Wasche zuerst das frische Gemüse. Lasse den Salat auf einem Sieb abtropfen und zerpflücke ihn grob. Schneide die Tomaten, die Radieschen und die Gurke in Scheiben. Schneide die geschälte Zwiebel in feine Ringe, die Paprikaschote in Streifen. Lasse den Mais in einem Sieb abtropfen. Gib alle Zutaten in eine große Schüssel.

2. Verrühre in einem anderen Gefäß Essig, Öl, Zucker, Senf, Salz und Pfeffer zu einer Salatsoße. Gieße die Salatsoße über die Salatzutaten und vermische alles miteinander. Wer mag, kann noch etwas klein gehackte Petersilie über den Salat streuen.

Salate

Kartoffelsalat

Für 4 Portionen brauchst du:

500 g Kartoffeln
1 Apfel
1 Gewürzgurke
1 Zwiebel
150 g Mayonnaise
1 TL Senf
1 EL Essig
1 Prise Zucker
etwas Salz
1 Msp Pfeffer

Mit Gurkenfächern garnieren

Kartoffeln abkühlen lassen

1. Koche die Kartoffeln, wie auf Seite 36 beschrieben, pelle sie ab und schneide sie in Scheiben. Schneide den Apfel, die Gewürzgurke und die Zwiebel in Würfel.

Gurkenfächer
Schneide eine Gewürzgurke der Länge nach ein und ziehe sie fächerförmig auseinander.

2. Verrühre die Mayonnaise mit Senf, Essig, Zucker, Salz und Pfeffer. Vermische die Salatzutaten mit der Salatsoße. Stelle den Kartoffelsalat zum Durchziehen ca. 30 Minuten in den Kühlschrank.

Salate

Roter Bohnensalat

Für 4 Portionen brauchst du:

1 Dose rote Bohnen (ca. 500 g)
1 Dose Maiskörner (ca. 300 g)
1 Zwiebel oder Frühlingszwiebel
2 Paprikaschoten
200 g Käse, z.B. Gouda
4 EL Öl
2 EL Essig
1/2 TL Senf
etwas Salz
1 Msp Pfeffer

1. Lasse die Bohnen und den Mais in einem Sieb abtropfen. Schäle die Zwiebel und schneide sie in feine Ringe. Putze die Paprikaschoten und schneide sie in Streifen. Schneide den Käse in Würfel.

Dazu schmeckt Stangenweißbrot mit Kräuterbutter.

2. Verrühre Öl, Essig, Senf, Salz und Pfeffer zu einer Salatsoße und vermische sie mit den Salatzutaten.

Dieser Salat schmeckt auch mit Schafskäse gut.

Salate

Käsesalat

Für 4 Portionen brauchst du:

400 g Käse, z.B. Gouda
2 kleine Äpfel
1 Zwiebel
1/4 Liter saure Sahne
1 EL Zitronensaft
etwas Salz
1 Msp Pfeffer
1 Prise Zucker

1. Schneide den Käse in Würfel. Schäle die Äpfel und die Zwiebel und schneide sie in feine Würfel.

2. Verrühre für die Salatsoße die saure Sahne mit dem Zitronensaft. Schmecke sie mit Salz, Pfeffer und Zucker ab. Gieße sie über die Zutaten und vermische alles miteinander.
Lasse den Salat 30 Minuten durchziehen.

Tipp: Besonders lecker sieht es aus, wenn du vier Teller zuerst mit grünen Salatblättern belegst und darauf den Käsesalat anrichtest.

Statt Äpfel kannst du auch 200 g Weintrauben nehmen.

Salate

Thunfischsalat

Für 2-3 Portionen brauchst du:
2 hart gekochte Eier
1 Dose Thunfisch (ca. 200 g)
2 Tomaten
1 Zwiebel
1 EL Zitronensaft
3-4 EL Öl
etwas Salz
1 Msp Pfeffer

1. Koche die Eier hart, wie auf Seite 16 beschrieben. Öffne die Thunfischdose und gieße das Öl ab. Teile den Thunfisch in Stücke. Wasche die Tomaten und schneide sie in Scheiben. Schneide die hart gekochten Eier und die Zwiebel in Würfel.

Bestreue den Salat mit viel klein gehackter Petersilie.

2. Verrühre den Zitronensaft mit dem Öl, Salz und Pfeffer zu einer Salatsoße, gieße sie über die Zutaten und vermische sie miteinander.

Salate

Nudelsalat

Für 4 Portionen brauchst du:
250 g Nudeln, z.B. Hörnchen
oder Spiralen
6 EL Salatmayonnaise
1 TL Senf
1 EL Essig
2 TL Ketschup
etwas Salz
1 Zwiebel
2 Essiggurken
1 Bund Radieschen
1 Apfel
150 g Schinkenwurst
1 Dose Erbsen (ca. 300 g)

1. Koche die Nudeln, wie auf Seite 40 beschrieben, und lasse sie abkühlen. Verrühre für die Salatsoße Mayonnaise, Senf, Essig, Ketschup und Salz miteinander.

Ein köstlicher Partysalat!

2. Schäle die Zwiebel und würfle sie. Schneide die Gurken und die Radieschen in Scheiben, den Apfel und die Schinkenwurst in Würfel. Lasse die Erbsen abtropfen, gib sie zu den anderen Zutaten und vermische alles in einer großen Salatschüssel mit der Soße.
Lasse den Salat etwas durchziehen.

Hauptgerichte

Kochschule Pellkartoffeln • Kartoffelpfanne • Blechkartoffeln
Kartoffelgratin • Kochschule Nudeln • Nudeln mit Tomatensoße
Nudelauflauf • Käsenudeln • Spaghettipfanne
Gemüsetopf • Kochschule Reis • Reispfanne
Pfannkuchenturm • Rührei • Hamburger
Fischauflauf • Gefülltes Stangenweißbrot • Käseschnitten
Thunfischtoast • Pizzatoast

Kochschule Pellkartoffeln

Für 2 Portionen brauchst du:
500 g Kartoffeln
1/4 Liter Wasser

Suche möglichst gleich große Kartoffeln heraus.

1. Wasche die Kartoffeln und bürste sie mit einer Gemüsebürste ab.

2. Lege die Kartoffeln in einen Kochtopf und fülle so viel Wasser in den Topf, dass die Kartoffeln gerade bedeckt sind.

3. Bringe die Kartoffeln zum Kochen und schalte dann die Temperatur herunter. Lasse sie 20-30 Minuten kochen.

4. Prüfe, ob die Kartoffeln weich sind, indem du mit einer Gabel in eine Kartoffel stichst.

5. Wenn die Kartoffeln weich sind, kannst du das Wasser abgießen. Schütte die Kartoffeln in ein Sieb, lasse das Wasser ablaufen und gib sie anschließend wieder zurück in den Topf. Stelle die Kartoffeln nochmals auf die ausgeschaltete Herdplatte zurück und lasse sie kurz dämpfen.

Vorsicht, heißer Dampf!

6. Jetzt sind die Pellkartoffeln fertig und du kannst sie in einer Schüssel auf den Tisch stellen. Schäle die Kartoffeln, indem du sie auf eine Gabel stichst und mit dem Messer die Pelle abziehst.

Dazu schmecken Buttermischungen oder Kräuterquark.

Hauptgerichte

Kartoffelpfanne

Für 2 Portionen brauchst du:
300 g Kartoffeln
250 g Tomaten
250 g Paprika oder Zucchini
3 Eier
etwas Salz
1 Msp Pfeffer
2 EL Öl

1. Koche die Kartoffeln, wie auf Seite 36 beschrieben, und pelle sie. Schneide die Kartoffeln in Scheiben. Wasche die Tomaten, Paprika oder Zucchini und würfle sie oder schneide sie in Scheiben.

3. Erhitze das Öl in einer Pfanne und brate das Gemüse darin 3-5 Minuten an.

Eier aufschlagen

4. Gieße die verrührten Eier über das Gemüse in der Pfanne und lasse sie in ca. 4 Minuten fest werden.

2. Schlage die Eier an einer Schüsselkante auf und gib sie in die Schüssel. Würze mit Salz und Pfeffer.

Mit Petersilie bestreuen

Hauptgerichte

Blechkartoffeln

Für 4 Portionen brauchst du:

1 kg Kartoffeln
50 g Butter
Salz und Pfeffer
1 EL getrocknete Kräuter,
z.B. Rosmarin, Basilikum
oder Oregano

1. Wasche die Kartoffeln gründlich und schneide sie der Länge nach durch.

Kartoffeln gründlich waschen

2. Den Backofen vorheizen.

3. Lege die Kartoffeln auf ein Backblech und verteile die Butter in kleinen Stückchen darauf. Würze mit Salz, etwas Pfeffer und den getrockneten Kräutern. Backe die Kartoffeln im Ofen auf der mittleren Schiene 40-50 Minuten bei 225 Grad oder Gasstufe 4.

Backofen vorheizen

Prüfe mit einer Gabel, ob die Kartoffel gar ist.

Hauptgerichte

Kartoffelgratin

Für 4 Portionen brauchst du:

1 kg Kartoffeln
etwas Butter
1/4 Liter Sahne oder Milch
2 Eier
1 Prise Salz
1 Msp Pfeffer
150 g geriebenen Käse

Auflaufform einfetten

Backofen vorheizen

1. Koche die Kartoffeln, wie auf Seite 36 beschrieben.

2. Schäle die Kartoffeln und schneide sie in dünne Scheiben.
Streiche eine Auflaufform mit Butter ein und lege die Kartoffeln schichtweise hinein.

3. Den Backofen vorheizen.

4. Verrühre die Sahne mit den Eiern, würze mit Salz und Pfeffer und gieße alles über die Kartoffeln. Streue den geriebenen Käse darüber und verteile kleine Butterstückchen auf dem Gratin.

5. Schiebe die Auflaufform auf die mittlere Schiene des Backofens und backe das Kartoffelgratin etwa 40 Minuten bei 200 Grad oder Gasstufe 3, bis es goldbraun ist.

Gratin – „gratinieren" kommt aus dem Französischen und heißt „mit einer Kruste überbacken"

Kochschule Nudeln

Du brauchst dafür:
100 g Nudeln pro Portion
1 Liter Wasser
1 TL Salz
1 TL Öl

Koche die Nudeln nicht zu weich, sie sollten noch bissfest sein.

Öl gibt man ins Wasser, damit die Nudeln nicht zusammenkleben.

2. Gib die Nudeln in das kochende Wasser und rühre einmal um. Stelle die Hitze klein und lasse die Nudeln ohne Deckel kochen. Nach ca. 10-12 Minuten sind sie gar. Beachte abweichende Kochzeiten auf der Packung!
Im Zweifelsfall probierst du einfach eine Nudel.

1. Fülle das Wasser in einen großen Topf und gib das Öl und Salz dazu. Bringe alles zum Kochen.

3. Schütte die Nudeln in ein Sieb und lasse kurz lauwarmes Wasser darüberlaufen. Lasse sie etwas abtropfen und fülle sie dann in eine Schüssel.

Tipp: Wer mag, gibt noch ein kleines Stück Butter obenauf.

Sternchen

Ravioli

Hörnchen

Bandnudeln   Schleifen   Makkaroni   Spiralen

Hauptgerichte

Nudeln mit Tomatensoße

Für 4 Portionen brauchst du:

1 Zwiebel
2 EL Olivenöl
1 Knoblauchzehe
1 Dose Tomaten (400 g)
1/2 TL Salz
1 Msp Pfeffer
1 Prise Zucker
400 g Nudeln
geriebenen Parmesankäse

1. Schäle die Zwiebel und schneide sie in Würfel. Erhitze das Öl in einem Kochtopf und brate darin die Zwiebelwürfel und die ausgepresste Knoblauchzehe an. Schneide die Tomaten klein und gib sie mit dem Saft aus der Dose in den Topf. Würze alles mit Salz, Pfeffer und Zucker und lasse die Soße bei kleiner Hitze 30 Minuten kochen.

Spaghetti

Basilikum

Knoblauchzehe schälen

und durch eine Knoblauchpresse drücken

2. Koche die Nudeln, wie auf Seite 40 beschrieben. Dazu gibt es geriebenen Parmesankäse.

Tipp: Besonders gut schmeckt diese Soße aus 750 g frischen Tomaten und mit Basilikum garniert.

Hauptgerichte

Nudelauflauf

Für 4 Portionen brauchst du:

250 g Nudeln
etwas Fett für die Form
100 g gekochten Schinken
4 Tomaten
1 kleine Dose Erbsen
3-4 Eier
1/4 Liter Sahne
etwas Salz
1 Prise Muskat
30 g Butter
100 g geriebenen Käse

1. Koche die Nudeln, wie auf Seite 40 beschrieben. Fette eine feuerfeste Auflaufform ein.

Statt Schinken kannst du auch 100 g Champignons nehmen.

2. Schichte die Nudeln, den gewürfelten Schinken, die in Scheiben geschnittenen Tomaten und das abgetropfte Gemüse in die Auflaufform.

Den Backofen vorheizen

3. Verquirle die Eier mit der Sahne, Salz und Muskat und gieße alles über den Auflauf. Streue geriebenen Käse und Butterstückchen darüber.

4. Schiebe den Auflauf auf die mittlere Schiene des Backofens und backe ihn 30-40 Minuten bei 200 Grad oder Gasstufe 3.

Hauptgerichte

Käsenudeln

Für 4 Portionen brauchst du:
400 g Nudeln
2 EL Butter
1/4 Liter Sahne
200 g geriebenen Käse
Salz und Pfeffer

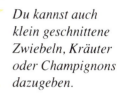

Du kannst auch klein geschnittene Zwiebeln, Kräuter oder Champignons dazugeben.

1. Koche die Nudeln, wie auf Seite 40 beschrieben.

2. Lasse die Butter in einem Topf schmelzen, gib die Sahne dazu und lasse sie unter ständigem Rühren 5 Minuten kochen. Gib dann den geriebenen Käse dazu. Würze mit Salz und Pfeffer.
Wer mag, kann noch 1-2 ausgedrückte Knoblauchzehen dazugeben.

3. Vermische die abgetropften Nudeln mit der Käsesoße.

Dazu schmecken Tomatenscheiben.

Hauptgerichte

Spaghettipfanne

Für 4 Portionen brauchst du:

400 g Spaghetti
1 Zwiebel
1 Stange Porree
50 g durchwachsenen Speck
4 Tomaten
2 Paprikaschoten
2 EL Öl
1 Prise Salz
1 Msp Pfeffer
gehackte Petersilie
etwas geriebenen Käse

Wer mag, gibt noch eine ausgedrückte Knoblauchzehe dazu.

3. Gib dann die gekochten Nudeln und das Gemüse dazu und lasse alles 20 Minuten schmoren. Rühre öfter um. Würze zum Schluss mit Salz und Pfeffer und streue die klein gehackte Petersilie und den geriebenen Käse darüber.

1. Koche die Spaghetti, wie auf Seite 40 beschrieben.

2. Schäle die Zwiebel und schneide sie in Würfel. Schneide den gewaschenen und geputzten Porree in feine Ringe und würfle Speck, Tomaten und Paprika.
Erhitze das Öl in einer Pfanne und brate den Speck mit der Zwiebel darin an.

Tipp: Das Gericht kannst du nach deinem Geschmack verändern, indem du anderes Gemüse nimmst.

Hauptgerichte

Gemüsetopf

Für 4 Portionen brauchst du:
- 2 Zwiebeln
- 2 Paprikaschoten
- 3 Zucchini
- 4 Tomaten
- 2 Auberginen
- 3 EL Öl
- 1 Dose Tomatenmark (ca. 70 g)
- 1 TL getrocknetes Basilikum
- Salz und Pfeffer

2. Erhitze das Öl in einem großen Kochtopf und schmore die Zwiebelwürfel darin an. Gib dann das restliche Gemüse, das Tomatenmark und das Basilikum dazu.

1. Schneide die geschälten Zwiebeln in Würfel, die Paprika in Streifen, die Zucchini, die Tomaten und die Auberginen in Scheiben.

3. Lasse das Gemüse 30 Minuten leicht kochen. Rühre öfter um. Gib eventuell etwas Wasser dazu, damit nichts anbrennt. Schmecke dann mit Salz und Pfeffer ab. Dieser Gemüsetopf lässt sich, je nach Jahreszeit, mit anderen Gemüsesorten verändern.

Dazu gibt es gekochte Kartoffeln oder Reis.

„Ratatouille" heißt dieser Gemüsetopf in Frankreich.

Kochschule Reis

Für 2 Portionen brauchst du:
1 Tasse Langkornreis (ca. 150 g)
2 Tassen Wasser (ca. 1/4 Liter)
1/2 Teelöffel Salz

1. Schütte den Reis in ein Sieb und spüle ihn unter fließendem Wasser ab.

2. Bringe das Wasser und das Salz in einem Topf zum Kochen. Gib den Reis in das Wasser, lasse ihn kurz sprudelnd kochen.

3. Decke dann den Topf mit einem Deckel ab und lasse den Reis bei kleiner Hitze weiterkochen, bis alles Wasser verdampft ist. Nach 20 Minuten ist der Reis weich und aufgequollen. Vollkornreis benötigt ungefähr 35 Minuten. Überprüfe, ob noch genug Wasser im Topf ist, damit der Reis nicht anbrennt!

4. Rühre den fertigen Reis mit einer Gabel um und würze mit etwas Salz. Du kannst noch einen Teelöffel Butter unter den Reis rühren, ihn mit Curry würzen oder mit Petersilie bestreuen. Zu Reis schmeckt fast jedes Gemüse. Bleibt Reis übrig, kannst du damit eine Suppe anrühren oder eine Reispfanne machen.

Tipp:
Besonders würzig wird dein Reis, wenn du ihn gleich in Brühe kochst. Nimm dafür 1 Teelöffel Brühe oder 1 Brühwürfel auf 1/4 Liter Wasser.

Du solltest Vollkornreis statt des geschälten weißen Reises nehmen. Er ist gesünder und hat mehr Geschmack. Weißer Reis ist Vollkornreis, dem die vitaminreiche Schale und der Keim entfernt wurden.

Milchreis

Für 2 Portionen brauchst du:
1 Tasse Rundkornreis (Milchreis)
4 Tassen Milch
2 EL Zucker
1 Prise Salz

Bringe die Milch mit dem Zucker und dem Salz zum Kochen. Rühre den Reis ein und lasse ihn im offenen Topf langsam quellen, rühre dabei mehrfach um. Dazu schmecken Zimt und Zucker und alle Arten von Kompott.

Hauptgerichte

Reispfanne

Für 4 Portionen brauchst du:
2 Tassen Reis
1 Zwiebel
1 Paprikaschote
50 g Butter
1 Dose Erbsen (ca. 300 g)
1 Dose Mais (ca. 300 g)
1 TL Curry
1/2 TL Paprikapulver
etwas Salz und Pfeffer

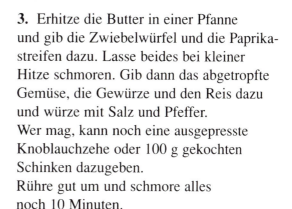

1. Koche den Reis, wie auf Seite 46 beschrieben.

3. Erhitze die Butter in einer Pfanne und gib die Zwiebelwürfel und die Paprikastreifen dazu. Lasse beides bei kleiner Hitze schmoren. Gib dann das abgetropfte Gemüse, die Gewürze und den Reis dazu und würze mit Salz und Pfeffer.
Wer mag, kann noch eine ausgepresste Knoblauchzehe oder 100 g gekochten Schinken dazugeben.
Rühre gut um und schmore alles noch 10 Minuten.

2. Schneide die geschälte Zwiebel in Würfel und die gesäuberte Paprikaschote in Streifen (Kerne und das weiße Innere entfernen).

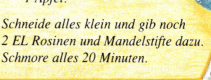

Mein Extratipp:
Indische Reispfanne

Ersetze das Gemüse durch 300 g Möhren, 300 g Porree, 1 Apfel.

Schneide alles klein und gib noch 2 EL Rosinen und Mandelstifte dazu. Schmore alles 20 Minuten.

47

Hauptgerichte

Pfannkuchenturm

Für 4 Portionen brauchst du:

250 g Mehl
3 Eier
1 Prise Salz
1 Prise Zucker
1/2 Liter Milch
etwas Butter oder Margarine
Kompott oder Marmelade

1. Verquirle Mehl, Eier, Salz, Zucker und Milch mit einem Schneebesen.

Wende den Pfannkuchen, wenn die Ränder trocken werden und die Unterseite goldbraun ist.

2. Erhitze das Fett in einer Pfanne und gib so viel Teig in die Pfanne, dass der Boden bedeckt ist. Backe den Pfannkuchen auf beiden Seiten goldgelb.

3. Nimm zum Umdrehen und Herausnehmen der Eierkuchen einen Pfannenwender und lege die fertigen Pfannkuchen auf einen großen Teller. Gib auf jeden Pfannkuchen vor dem Servieren einen Klecks Kompott, Marmelade, Quark, Honig oder Zimt und Zucker.

Hauptgerichte

Rührei

Für 3 Portionen brauchst du:

6 Eier
6 EL Milch
1 Prise Salz
1 Msp Pfeffer
2 EL Butter
2 EL Schnittlauch oder Kresse
2-3 Tomaten

Du kannst auch noch Champignons, Mais, Schinken oder Zwiebeln dazugeben.

1. Verquirle die Eier mit der Milch. Würze mit Salz und Pfeffer.

2. Erhitze die Butter in einer Pfanne und gieße die Eiermilch hinein. Rühre ständig um, bis die Masse fest geworden ist.

Mit Kresse oder Schnittlauch bestreuen und mit Tomatenscheiben belegen

Hauptgerichte

Hamburger

Für 4 Portionen brauchst du:

1 altes Brötchen
1/4 Liter warmes Wasser
1 Zwiebel
500 g Hackfleisch
1 Ei
etwas Salz und Pfeffer
Öl zum Braten
4 Brötchen
4 TL Butter oder Mayonnaise
4 Salatblätter
2 Tomaten
8 Gurkenscheiben
4 Scheiben Käse
etwas Petersilie

1. Weiche das Brötchen in 1/4 Liter warmem Wasser ein. Es muss richtig weich sein. Schäle die Zwiebel und schneide sie in kleine Würfel. Vermische das Hackfleisch mit dem Ei, den Zwiebelwürfeln, Salz und Pfeffer.

2. Drücke das Brötchen gut aus und gib es dazu. Verknete alles zu einer Masse und forme 4 Kugeln, die du auf einem Teller flach drückst.
Erhitze etwas Öl in einer Pfanne und brate das Hackfleisch darin knusprig braun. Vorsicht beim Wenden! Du kannst das Hackfleisch auch im Backofen oder Grill backen.

Zum Ausprobieren: Käse-Flocken-Bratling
Verrühre 2 Eier, 1/4 l Milch, 250 g Haferflocken, 200 g geriebenen Käse, 1 klein geschnittene Zwiebel, getrockneten Majoran, würze mit Salz und Pfeffer. Forme aus der Masse flache Bratlinge und backe sie in einer Pfanne schön knusprig.

3. Schneide die Brötchen auf, bestreiche sie mit etwas Butter oder Mayonnaise und lege deine „Hamburger" hinein. Gib ein Salatblatt, Tomaten, Gurken, Käsescheiben und etwas Petersilie dazu und setze die obere Brötchenhälfte wieder darauf.

Hauptgerichte

Fischauflauf

Für 4 Portionen brauchst du:

4 tiefgefrorene Fischfilets
2 EL Zitronensaft
1 Prise Salz
1 Msp Pfeffer
500 g Tomaten
1 Stange Porree (ca. 400 g)
1/2 Brühwürfel
1/8 Liter Wasser
4 EL saure Sahne
4 EL geriebenen Käse

1. Lasse die Fischfilets ca. 30 Minuten auftauen. Beträufle sie mit Zitronensaft und bestreue sie mit Salz und Pfeffer.

2. Lege die Fischfilets in eine Auflaufform.

Fischfilets mit Zitrone beträufeln

Dazu schmecken gekochter Reis oder Pellkartoffeln.

3. Wasche die Tomaten und schneide sie in Scheiben. Wasche und putze den Porree und schneide ihn in feine Ringe. Verteile beides auf den Fischfiletstücken.

4. Den Backofen vorheizen.

5. Gib einen halben Brühwürfel in 1/8 Liter kochendes Wasser und rühre die Sahne und den Käse darunter. Begieße den Fischauflauf mit der Soße.

6. Schiebe den Auflauf auf die mittlere Schiene des Backofens und backe ihn 30 Minuten bei 200 Grad oder Gasstufe 3.

Hauptgerichte

Gefülltes Stangenweißbrot

Für 4 Portionen brauchst du:

2 Tomaten
1 Stangenweißbrot (nicht zu lang und nicht zu dünn)
etwas Butter
4 Scheiben Käse
4 Scheiben Salami
oder 100 g Champignons
Salz, Pfeffer
Petersilie

1. Wasche die Tomaten und schneide sie in Scheiben. Schneide das Stangenweißbrot der Länge nach durch. Bestreiche die untere Hälfte mit etwas Butter und belege sie dann mit dem Käse, den Salami- oder Champignonscheiben und den Tomatenscheiben. Streue klein geschnittene Petersilie und etwas Salz und Pfeffer darüber.

2. Lege die andere Brothälfte obenauf. Backe das Stangenweißbrot im vorgeheizten Backofen 8 Minuten bei 200 Grad oder Gasstufe 3.
Schneide das Stangenweißbrot in 4 gleiche Teile.

Tipp: Dieses Stangenweißbrot schmeckt auch kalt sehr gut, lege dann noch Salatblätter dazwischen.

Eine tolle Idee für das nächste Picknick

Hauptgerichte

Käseschnitten

Für 4 Käseschnitten brauchst du:

4 Scheiben Toastbrot
4 TL Mayonnaise
4 kleine Zwiebeln
1 TL getrockneten Majoran
100 g geriebenen Käse, z.B. Gouda

Du kannst auch andere Brotsorten nehmen.

3. Schäle die Zwiebeln und schneide sie in feine Ringe. Verteile sie auf den Toastscheiben und bestreue sie mit dem getrockneten Majoran.

4. Reibe den Käse und gib ihn auf die Brote.

5. Backe die Käseschnitten auf der mittleren Schiene ca. 20 Minuten bei 200 Grad oder Gasstufe 3, bis sie goldgelb aussehen. Serviere sie heiß.

1. Röste die Toastbrote in einem Toaster. Bestreiche die Toasts mit Mayonnaise und lege sie auf ein Backblech.

2. Den Backofen vorheizen.

Tipp:
Auf den Käseschnitten schmecken auch Champignons.

Einfach köstlich ...!

Hauptgerichte

Thunfischtoast

Für 4 Portionen brauchst du:

4 Tomaten
4 Scheiben Toastbrot oder Vollkorntoast
1 Dose Thunfisch in Öl (ca. 200 g)
4 Scheiben Käse
1 Tomate und etwas Petersilie
(zum Garnieren)

1. Wasche die Tomaten und schneide sie in Scheiben.

2. Den Backofen vorheizen.

3. Röste die Toastbrote in einem Toaster und lege sie auf ein eingefettetes Backblech. Belege sie mit dem Thunfisch, den Tomatenscheiben und dem Käse.

4. Überbacke die Toastbrote bei 200 Grad oder Gasstufe 3 auf der mittleren Schiene in ca. 8 Minuten.

Mit Tomatenscheiben und Petersilie garnieren

Hauptgerichte

Pizzatoast

Für 2 Pizzatoasts brauchst du:

2 Scheiben Toastbrot oder Vollkorntoast
2 EL Tomatenmark
2 EL Maiskörner (aus der Dose)
2 Tomaten
Salz und Pfeffer
etwas getrockneten Oregano
2 Scheiben Käse

1. Röste die Brote in einem Toaster und lege sie auf ein eingefettetes Backblech. Bestreiche sie dann mit Tomatenmark und verteile den Mais darauf.

2. Den Backofen vorheizen.

3. Wasche die Tomaten, schneide sie in Scheiben und lege sie auf die Maiskörner. Würze mit etwas Salz, Pfeffer und Oregano und belege den Toast zum Schluss mit je einer Käsescheibe.

Zur Abwechslung kannst du den Belag mit einer Scheibe Salami, Paprika oder Champignons verändern.

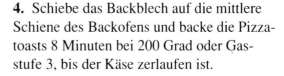

4. Schiebe das Backblech auf die mittlere Schiene des Backofens und backe die Pizzatoasts 8 Minuten bei 200 Grad oder Gasstufe 3, bis der Käse zerlaufen ist.

Desserts

Beerenquark • Grießpudding • Bananencreme
Schokoladenmousse • Sahneeis • Kirschbecher
Schokofrüchte • Bratäpfel

Desserts

Beerenquark

Für 2 Portionen brauchst du:

250 g Quark
4 EL Milch
1 EL Zitronensaft
2 EL Zucker
300 g Beeren nach deinem Geschmack, z.B. Erdbeeren, Himbeeren, Johannisbeeren oder Brombeeren

1. Gib den Quark in eine Schüssel und rühre die Milch, den Zitronensaft und den Zucker unter.

2. Wasche die Beeren und entferne die Blätter und Stiele.
Rühre sie unter die Quarkmischung.

Tipp: Vergiss nicht ein paar Beeren zum Garnieren zurückzubehalten.

Desserts

Grießpudding

Für 3 Portionen brauchst du:
1 Liter Milch
1 Prise Salz
2 EL Zucker
125 g Grieß
Früchte oder Fruchtsoße

Mit Zimt würzen

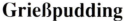

1. Bringe die Milch mit dem Salz und dem Zucker zum Kochen. Rühre den Grieß unter und stelle die Hitze kleiner, lasse den Grießpudding 15 Minuten ausquellen und rühre ihn dabei öfter um.

2. Fülle den Grießpudding in eine kalt ausgespülte Form und stürze ihn nach dem Erkalten auf einen flachen Teller. Dazu schmecken Fruchtsoßen, Obst oder Apfelmus.

Desserts

Bananencreme

Für 2 Portionen brauchst du:
2 reife Bananen
250 g Quark
1 EL Zitronensaft
etwas Milch
2 TL Honig
2 EL Nüsse
oder Kokosraspel

1. Zerdrücke die Bananen auf einem Teller mit einer Gabel zu Mus.

2. Verrühre den Quark mit dem Zitronensaft und etwas Milch. Rühre dann den Honig und die zerdrückten Bananen unter die Quarkmasse. Lasse die Creme im Kühlschrank kalt werden.

Mit 2 Esslöffeln gehackten Nüssen oder Kokosraspeln bestreuen

Desserts

Schokoladenmousse

Für 3 Portionen brauchst du:
2 Eier
100 g Schokolade
1 EL Butter
125 g süße Sahne
1 Prise Salz

1. Trenne das Eigelb vom Eiweiß, wie auf Seite 16 beschrieben.

2. Bröckle die Schokolade in kleine Stücke und gib sie in ein Tongefäß. Stelle das Tongefäß in einen Kochtopf mit etwas Wasser. Erwärme das Wasser und lasse so die Schokolade schmelzen. Nimm das Tongefäß mit einem Topflappen aus dem Wasserbad und rühre die Butter und das Eigelb unter die geschmolzene Schokolade.

3. Gib das Eiweiß und eine Prise Salz in eine hohe Rührschüssel und schlage es mit den Schneebesen des Rührgeräts steif. Fülle die Schokomasse in eine größere Schüssel und hebe den Eischnee unter. Schlage die Sahne steif und hebe sie ebenfalls unter.

4. Fülle die fertige Schokoladenmousse in eine Schüssel. Lasse sie im Kühlschrank kalt werden.

Mmh, köstlich!

Desserts

Sahneeis

Für 4 Portionen brauchst du:
1/4 Liter süße Sahne
2 EL Honig oder Zucker
150 g Erdbeeren
1 TL Kakao
1 EL Schokosplitter

1. Fülle die Sahne in eine hohe Rührschüssel und schlage sie steif. Gib Honig oder Zucker dazu und teile die Sahne in drei Portionen.

2. Wasche die Erdbeeren und zerdrücke sie mit einer Gabel zu Mus. Verrühre das Erdbeermus mit einer Portion Sahne. In die nächste Portion Sahne rührst du den Kakao und in die dritte Portion die Schokosplitter. Fülle das Eis in Gefrierdosen, die du für 2-3 Stunden in das Tiefkühlfach stellst. Mit einem (Eis-)Löffel kannst du dann gemischte Portionen machen.

Mit Sahne, Früchten, Schokostreuseln und Waffeln verzieren

Desserts

Kirschbecher

Für 6 Portionen brauchst du:
1 Glas (ca. 500 g) Sauerkirschen
250 g Quark
250 g Naturjogurt
40 g Zucker
1/4 Liter süße Sahne
1 TL Zucker
3 EL Schokostreusel

3. Gib die Sahne und 1 TL Zucker in eine hohe Rührschüssel und schlage sie steif. Hebe etwas Sahne zum Garnieren auf.

4. Verrühre die Sahne und etwas Kirschsaft mit der Quarkmasse. Schichte in einer Glasschüssel abwechselnd die Kirschen (einige aufheben) und die Quarkcreme. Lasse sie dann im Kühlschrank erkalten.

Verziere die Kirschbecher mit Sahne, Kirschen und Schokostreuseln.

1. Lasse die Sauerkirschen auf einem Sieb abtropfen. Hebe etwas von dem Kirschsaft auf.

2. Verrühre den Quark mit dem Jogurt und dem Zucker.

Desserts

Schokofrüchte

1. Stecke das gewaschene Obst entweder als ganze Früchte oder klein geschnitten auf die Spieße.

Für 4 Spieße brauchst du:
4 Obstsorten, z.B. Äpfel, Birnen, Bananen, Weintrauben
4 Holz- oder Schaschlikspieße
200 g Schokoladenguss (Kuvertüre)
bunte Zuckerstreusel
oder gehackte Nüsse

Mmh ...!

2. Lasse den Schokoladenguss im Wasserbad langsam schmelzen, wie auf Seite 7 beschrieben. Nimm einen Löffel und trage damit die flüssige Schokolade auf die Früchte auf. Die Spieße musst du dabei ständig drehen.

3. Solange der Guss noch warm ist, kannst du gehackte Nüsse oder bunte Zuckerstreusel auf die Schokofrüchte streuen. Stelle sie zum Abkühlen in ein hohes Gefäß oder Glas.

Desserts

Bratäpfel

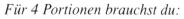

Für 4 Portionen brauchst du:

4 Äpfel, z.B. Boskop
2 EL Rosinen
2 EL gehackte Haselnüsse
   oder Mandelstifte
2 EL Honig oder Zucker
1 Prise Zimt
etwas Butter

1. Wasche die Äpfel, entferne das Kerngehäuse mit einem Apfelausstecher und höhle sie etwas aus.

2. Den Backofen vorheizen.

3. Vermische Rosinen, Nüsse, Honig oder Zucker und Zimt miteinander und fülle die Mischung in die ausgehöhlten Äpfel.
Lege jeweils ein Stück Butter obenauf.

4. Setze die Äpfel in eine gefettete Auflaufform und schiebe sie in den Backofen. Backe die Bratäpfel bei 220 Grad oder Gasstufe 4 20-30 Minuten, bis die Äpfel weich sind.

Dazu schmeckt Vanilleeis.

Backen

Quarktorte • Apfelkuchen • Mürbekekse
Krümelkuchen • Butterkuchen • Haselnusshalbmonde
Kräuterschnecken • Pizza

Backen

Quarktorte

Du brauchst dafür:
125 g Butter oder Margarine
1 kg Quark
1 EL Zitronensaft
325 g Zucker
3 Eier
2 EL Grieß
1 Päckchen Backpulver
1 Päckchen Vanillezucker
1 Päckchen Vanille-Puddingpulver
50 g Rosinen

1. Verrühre die Butter oder Margarine mit dem elektrischen Rührgerät. Gib nach und nach die restlichen Zutaten dazu und rühre weiter, bis alles gut vermischt ist.

2. Den Backofen vorheizen.

3. Fette eine Springform ein und fülle die Quarkmasse hinein. Schiebe den Kuchen auf die mittlere Schiene des Backofens und backe ihn 75 Minuten bei 180 Grad oder Gasstufe 2.

4. Nimm den Kuchen aus dem Backofen und lasse ihn auskühlen, bevor du ihn aus der Form löst.

Backen

Apfelkuchen

Du brauchst dafür:
100 g Butter oder Margarine
100 g Zucker
2 Eier
150 g Mehl
2 TL Backpulver
5-6 Äpfel

1. Verrühre die Butter oder Margarine mit den Knethaken des elektrischen Rührgeräts. Gib Zucker, Eier, Mehl und Backpulver hinzu und rühre weiter, bis ein gleichmäßiger Teig entsteht. Fülle den Teig in eine gefettete Springform und streiche ihn glatt.

2. Den Backofen vorheizen.

3. Schäle und halbiere die Äpfel, entferne die Kerngehäuse und schneide die Äpfel in dünne Scheiben.

Dazu schmeckt Schlagsahne.

4. Drücke die Apfelscheiben in den Teig.

5. Schiebe den Kuchen auf die mittlere Schiene des Backofens und backe ihn 30 Minuten bei 200 Grad oder Gasstufe 3.

Backen

Mürbekekse

Du brauchst dafür:
125 g Butter oder Margarine
65 g Zucker
1 Ei
250 g Mehl
1 Eigelb (siehe Seite 16)
gehackte oder ganze Nüsse

Mit Haselnüssen, Mandeln, Walnüssen, Sesam oder Sonnenblumenkernen verzieren

1. Gib die weiche Butter oder Margarine, den Zucker und das Ei in eine Schüssel und verrühre die Zutaten mit den Knethaken eines elektrischen Rührgeräts. Füge dann das Mehl hinzu und verknete alles zu einem glatten Teig. Forme den Teig zu einer Kugel und lasse ihn etwas ruhen.

2. Den Backofen vorheizen.

3. Rolle den Teig dünn aus und schneide oder stich Formen aus, die du auf ein eingefettetes Backblech legst.

4. Bestreiche die Plätzchen mit dem verrührten Eigelb und drücke ganze oder gehackte Nüsse hinein.

5. Schiebe das Backblech auf die mittlere Schiene des Backofens. Backe die Kekse 8-10 Minuten bei 200 Grad oder Gasstufe 3.

Backen

Krümelkuchen

Du brauchst dafür:
125 g Butter
100 g Zucker
1 Prise Salz
4 EL Milch
300 g Mehl
1 TL Backpulver
1 Glas Sauerkirschen
 (ca. 500 g)

1. Verrühre die Butter mit dem Zucker, dem Salz und der Milch. Vermische das Mehl mit dem Backpulver und verknete es mit den anderen Zutaten, bis der Teig krümelig wird.

2. Lasse ein Glas Sauerkirschen auf einem Sieb abtropfen.

3. Den Backofen vorheizen.

4. Fette eine Springform ein und krümle die Hälfte des Teiges auf den Boden. Drücke die Krümel etwas an den Boden und lege das abgetropfte Obst darauf. Streue die restlichen Krümel darüber.

5. Schiebe den Kuchen auf die mittlere Schiene des Backofens und backe ihn 40 Minuten bei 180 Grad oder Gasstufe 2.

Backen

Butterkuchen

Du brauchst dafür:
225 g Butter
200 g Zucker
1 Ei
250 g Mehl
Milch zum Bestreichen

Dieser Kuchen ist ganz einfach und schnell zu machen.

1. Verrühre die Butter mit den Knethaken eines elektrischen Rührgeräts.
Gib dann den Zucker, das Ei und zuletzt das Mehl dazu.
Verknete alles zu einem glatten Teig.

2. Den Backofen vorheizen.

3. Fette eine runde Kuchenform ein und fülle den Teig hinein. Nimm einen Backpinsel und streiche den Kuchen mit etwas Milch ein.

4. Ziehe mit einer Gabel ein gitterartiges Streifenmuster in die Oberfläche des Kuchens.

5. Schiebe den Kuchen auf die mittlere Schiene des Backofens und backe ihn 20-25 Minuten bei 200 Grad oder Gasstufe 3.

Backen

Haselnusshalbmonde

Du brauchst dafür:

200 g Butter oder Margarine
100 g Zucker
1 Eigelb (siehe Seite 16)
170 g gemahlene Haselnüsse
250 g Mehl
Ausstechform Halbmond

1. Verknete die Butter oder Margarine, den Zucker und das Eigelb miteinander. Gib dann die gemahlenen Haselnüsse und das Mehl dazu und verrühre alles gut.

2. Den Backofen vorheizen.

3. Rolle den Teig auf einer bemehlten Fläche ca. 3-4 mm dick aus und stich Halbmonde aus.

4. Lege sie auf ein eingefettetes Backblech.

5. Backe sie auf der mittleren Schiene des Backofens 8-10 Minuten bei 200 Grad oder Gasstufe 3.

Tipp: Wenn du keine Halbmondform hast, drücke ein rundes Glas hintereinander in den Teig, sodass Halbmonde entstehen.

Wenn du magst, kannst du die Kekse noch warm in Zucker wenden.

Backen

Kräuterschnecken

Für 8 Schnecken brauchst du:
1 Packung Tiefkühl-Blätterteig (ca. 300 g)
1 Bund Kräuter
1 Ei
150 g Quark
50 g geriebenen Käse
1 Prise Salz und Pfeffer

2. Schneide die gewaschenen Kräuter klein, verrühre das Ei mit dem Quark, dem geriebenen Käse, den Kräutern, Salz und Pfeffer.

1. Lege die Teigblätter auseinander und lasse sie auftauen. Rolle sie dann auf einer bemehlten Fläche zu einem einzigen großen Fladen aus.

3. Den Backofen vorheizen.

4. Streiche die Käsemasse auf den ausgerollten Blätterteig. Wickle alles zu einer Rolle auf und schneide sie in 8 Scheiben.

5. Lege die Scheiben auf ein eingefettetes Backblech und schiebe es auf die mittlere Schiene des Backofens. Backe die Kräuterschnecken 25-30 Minuten bei 220 Grad oder Gasstufe 4.

Backen

Pizza

Für 4 Portionen brauchst du:

200 g Quark
1/8 Liter Öl
4 EL Milch
1/2 TL Salz
300 g Mehl
2 TL Backpulver
5 EL Tomatenmark
4 Tomaten
1 Paprikaschote
150 g Champignons
4 gefüllte Oliven
Salz und Pfeffer
etwas Oregano oder Thymian
150 g geriebenen Käse

1. Verrühre für den Teig den Quark mit dem Öl, der Milch und dem Salz. Vermische das Mehl mit dem Backpulver und knete es in den Teig. Stelle den Teig 1 Stunde in den Kühlschrank. Zerteile ihn in 4 gleich große Teile, rolle runde Platten aus und lege sie auf ein eingefettetes Backblech. Streiche das Tomatenmark auf den Teig. Schneide das gewaschene Gemüse in dünne Scheiben.

2. Belege den Pizzateig in bunten Mustern mit dem Gemüse und den abgetropften Oliven. Streue Salz, Pfeffer und Oregano darüber.
Gib zuletzt den geriebenen Käse darauf.

3. Schiebe das Backblech auf die mittlere Schiene des Backofens und backe die Pizza 20-30 Minuten bei 200 Grad oder Gasstufe 3.

Feste feiern

Gefüllte Eier • Bunte Spieße • Kräuterbrot
Gefüllte Tomaten • Knusperstangen • Brotgesichter
Fliegenpilze • Kekskuchen • Milchmix
Kakao • Früchtebowle • Winterpunsch

Feste feiern

Gefüllte Eier

Für 4 Portionen brauchst du:

4 Eier
2 EL Mayonnaise
1 TL Senf
1 TL Tomatenmark
1 Prise Salz und Pfeffer
etwas Petersilie, Dill oder Schnittlauch

1. Koche die Eier hart, wie auf Seite 16 beschrieben, und pelle die Schale ab. Halbiere sie der Länge nach und nimm mit einem Teelöffel das Eigelb heraus. Verrühre das Eigelb mit der Mayonnaise und dem Senf, Tomatenmark, Salz und Pfeffer.

2. Hacke die gewaschenen Kräuter klein und rühre sie unter die Eiermasse. Fülle die Creme in die Eierhälften.

Tipp: Lege die Eier auf einen Teller mit Salatblättern.

Feste feiern

Bunte Spieße

Für 4 Portionen brauchst du:
4 Scheiben Misch- oder Vollkornbrot
4 EL Butter oder Kräuterfrischkäse
1/4 Salatgurke
2 Paprikaschoten
2 Tomaten
200 g Käse am Stück
4 Holz- oder Schaschlikspieße

1. Bestreiche die Brotscheiben mit der Butter oder dem Frischkäse und klappe jeweils zwei Scheiben aufeinander. Schneide das Brot in nicht zu kleine Würfel.

2. Wasche das Gemüse und schneide es in Würfel oder Scheiben. Schneide den Käse in Würfel. Stecke nun das Vollkornbrot abwechselnd mit dem Gemüse und dem Käse auf die Spieße.

Auch für unterwegs und zwischendurch

Feste feiern

Kräuterbrot

Du brauchst dafür:

1 Stangenweißbrot
125 g weiche Butter
1 TL Zitronensaft
2 Knoblauchzehen
1/2 TL Salz
1 Msp Pfeffer
3 EL fein gehackte Kräuter

1. Mache alle zwei Zentimeter einen tiefen Einschnitt in das Stangenweißbrot. Du darfst es jedoch nicht durchschneiden!

2. Den Backofen vorheizen.

3. Vermische die Butter mit dem Zitronensaft, den zerdrückten Knoblauchzehen, Salz, Pfeffer und den Kräutern.
Streiche die Butter in die Broteinschnitte.

4. Lege das Brot auf ein Backblech und schiebe es auf die mittlere Schiene des Backofens. Backe es 15 Minuten bei 200 Grad oder Gasstufe 3.

Feste feiern

Gefüllte Tomaten

1. Schneide den gekochten Schinken in Würfel. Wasche die Petersilie und schneide sie klein. Hebe etwas Petersilie zum Garnieren auf.

Für 4 Portionen brauchst du:
2 Scheiben gekochten Schinken
einige Stängel Petersilie
4 große Tomaten
4 EL Mais oder Erbsen (aus der Dose)
3 EL Mayonnaise
1 Msp Senf
1 Prise Salz
1 Msp Pfeffer

2. Schneide von jeder Tomate den „Deckel" ab und höhle sie mit einem Teelöffel aus.

Du kannst auch 100 g Thunfisch aus der Dose nehmen.

4. Gib nun in jede Tomate etwas von der Füllung und setze den abgeschnittenen „Deckel" wieder auf die Tomate.

3. Vermische in einer Schüssel den Schinken, den Mais bzw. die Erbsen, die Petersilie, Mayonnaise, Senf, Salz, Pfeffer und das Tomatenfleisch miteinander.

Feste feiern

Knusperstangen

Du brauchst dafür:
1 Packung Tiefkühl-Blätterteig (ca. 300 g)
1 Eigelb (siehe Seite 16)
2 EL Milch
etwas Salz, Kümmel, Mohn oder Sesam

1. Lege die Teigblätter auseinander und lasse sie auftauen. Rolle die Blätterteigscheiben auf einer bemehlten Fläche aus. Schneide Streifen von 10 cm Länge und 1 cm Breite aus.
Drehe die Streifen zu Spiralen.

2. Den Backofen vorheizen.

3. Lege sie auf ein gefettetes Backblech. Verrühre das Eigelb mit der Milch und bestreiche die Stangen damit. Bestreue die Stangen mit Salz, Kümmel, Mohn oder Sesam.

4. Schiebe das Backblech auf die mittlere Schiene des Backofens und backe die Stangen 10-15 Minuten bei 200 Grad oder Gasstufe 3.

Feste feiern

Brotgesichter

Für 4 Brote brauchst du:
4 Scheiben Brot oder Brötchenhälften
4 TL Butter
150 g Frischkäse oder Quark
1 Prise Salz
verschiedenes Gemüse und Kräuter
evtl. 1 hart gekochtes Ei

Bestreiche die Brote mit Butter und Frischkäse oder Quark. Würze mit etwas Salz. Wasche das Gemüse, z.B. Paprika, Tomaten, Champignons, Gurke, und schneide es dir so zurecht, wie du es für deine Brote benötigst, um sie in lustige Brotgesichter zu verwandeln.

Radieschen-hälften

Gurken-scheibe

Paprika

Mais

gefüllte Oliven

Möhre

Petersilie

Ei-Scheibe

Paprika

Lauch-zwiebel-ringe

gefüllte Oliven

Champignon-scheibe

83

Feste feiern

Fliegenpilze

Für 4 Portionen brauchst du:
4 hart gekochte Eier
2 feste und große Tomaten
Mayonnaise aus der Tube
evtl. Kresse

2. Schneide von den Eiern den Boden ab und stelle sie auf das abgeschnittene Ende.

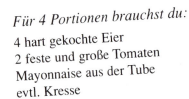

Tomaten halbieren

1. Koche die Eier hart, wie auf Seite 16 beschrieben, und pelle die Schale ab. Halbiere die Tomaten und höhle sie dann etwas aus, damit sie besser auf den Eiern sitzen.

3. Setze je eine Tomatenhälfte auf ein Ei und verziere die „Pilzköpfe" mit kleinen Mayonnaisetupfern.

Tipp: Setze deine „Fliegenpilze" auf viel Kresse, das sieht dann wie eine grüne Wiese aus.

Feste feiern

Kekskuchen

Du brauchst dafür:
125 g Puderzucker
1 Päckchen Vanillezucker
2 EL Kakao
2 Eier
250 g Kokosfett
250 g Butterkekse

1. Gib Puderzucker, Vanillezucker, Kakao und die Eier in eine Schüssel und verrühre alles miteinander. Lasse das Kokosfett in einem Kochtopf bei kleiner Hitze schmelzen. Rühre es dann unter die Kakaomasse.

2. Lege eine Kastenform mit Backpapier aus. Schichte abwechselnd eine Lage Kekse und eine Lage Kakaomasse übereinander. Schließe mit einer Lage Kakaomasse ab.

3. Stelle den Kekskuchen in den Kühlschrank. Wenn er fest geworden ist, kannst du ihn aus der Form nehmen und in dünne Scheiben schneiden.

Dieser Kuchen hat viele lustige Namen, z.B. „Kalter Hund" oder „Kalte Schnauze".

Getränke

Milchmix

Für 2 Portionen brauchst du:

2 Bananen
(oder 200 g Erdbeeren
oder Himbeeren)
1/2 Liter Milch
1 EL Zucker
1 TL Zitronensaft

1. Schäle die Bananen und zerdrücke sie mit einer Gabel auf einem Teller.

2. Gib den Zitronensaft dazu.

3. Verquirle die Milch, den Zucker und die zerdrückten Bananen miteinander.

Tipp: Anstelle der Bananen kannst du auch Erdbeeren oder Himbeeren nehmen und zu Mus zerdrücken.

Besonders köstlich mit einer Eiskugel

Getränke

Kakao

Für 2 Portionen brauchst du:
3 EL Wasser
2 EL Kakaopulver
1/2 Liter Milch
1 EL Zucker
evtl. Sahne und Schokostreusel

1. Verrühre 3 EL Wasser mit dem Kakaopulver in einer Tasse.

Besonders lecker mit Sahne und Schokoladenstreuseln!

2. Gieße die Milch in einen Kochtopf und bringe sie auf dem Herd zum Kochen. Nimm den Kochtopf von der Herdplatte und rühre die Kakaomischung und den Zucker unter. Lasse den Kakao nochmals auf dem Herd aufkochen.

Getränke

Früchtebowle

Für 2 Liter Bowle brauchst du:
1 Dose Pfirsiche (ca. 500 g)
1 EL Zucker
Saft einer Zitrone
1 Liter Apfelsaft
1 Liter Mineralwasser

1. Schneide die Pfirsichhälften in kleine Stücke und gib sie mit dem Pfirsichsaft aus der Dose in ein Bowlengefäß oder einen Glaskrug.

2. Gib den Zucker und den Zitronensaft hinzu und rühre alles gut um.
3. Fülle mit Apfelsaft und Mineralwasser auf und serviere die Bowle möglichst kühl mit einem Schöpflöffel.

Du kannst auch noch zwei klein geschnittene Orangen in die Bowle geben.

Tipp: Du kannst auch noch Eiswürfel hineingeben.

Getränke

Winterpunsch

Zimt *Nelke* *Zitrone* *Ingwer* *Sternanis*

Du brauchst dafür:
1 Liter Traubensaft
1/2 TL Zimt, gemahlen
1 Msp Nelken, gemahlen
1 Msp Ingwer, gemahlen
1 Msp Anis, gemahlen
Schale einer ungespritzten Zitrone
1/4 Liter Apfelsaft
Saft einer Zitrone
etwas Honig

1. Gib den Traubensaft und die Gewürze in einen großen Topf und koche alles eine halbe Stunde lang. Gib dann die Zitronenschale dazu und lasse alles 15 Minuten ziehen.

2. Gib den Apfel- und Zitronensaft dazu und rühre den Honig unter. Serviere den Punsch in hitzebeständigen Gläsern oder Keramikbechern.